r·

Fatbardh Kqiku wurde 1996 in Augsburg als Kind kosovarischer Eltern geboren, die 1995 nach Deutschland flohen. Für sein Studium der Volkswirtschaftslehre zog er 2016 nach Berlin. Er ist Mitbegründer der Initiative Diversity Mentoring Deutschland und Vorstandsmitglied bei der Kaneza Foundation for Dialogue and Empowerment e.V. Kqiku war in der nachhaltigen Unternehmensentwicklung tätig und beendete 2022 sein Masterstudium im Bereich Sustainable Finance in den Niederlanden. Er arbeitet heute im Bereich Nachhaltigkeit und Finanzen in der Energie- und Wasserwirtschaft. Mit *zwischen den rissen* legt er seinen ersten Lyrikband vor.

# Fatbardh Kqiku
# zwischen den rissen

Gedichte

re:sonar verlag

Bibliografische Information der Deutschen Nationalbibliothek
Die Deutsche Nationalbibliothek verzeichnet diese Publikation in der Deutschen Nationalbibliografie; detaillierte bibliografische Daten sind im Internet über https://portal.dnb.de abrufbar.

6. Auflage 2026

Erste Auflage 2022
re:sonar verlag
www.resonarverlag.de
Instagram: @resonar_verlag
Satz und Umschlaggestaltung im Verlag, Carl Philipp Roth
Druck: Libri Plureos GmbH, Friedensallee 273, 22763 Hamburg

Printed in Europe


ISBN 978-3-949048-20-3

# zwischen den rissen

*– për mamin*

*sieh hin*
*die perlen*
*wie sie wieder*
*zurück ins meer wandern*

1995 floh meine familie von kosovo nach deutschland.

2017 erkrankte mein vater schwer.

2020 starb er an den folgen seiner erkrankung.

er wusste nie alles über mich.

ihre urteilenden worte
sind wie zigaretten in praller sonne
zwischen fingern
die viel zu junge haut tragen

– flucht, die andere

ich fühle mich
wie ein paket
das für mich selbst bestimmt war

per einschreiben geschickt
erst öffnen nach dem unterschreiben

unterschreiben und wissen was es ist

wenn sie mich fragen
was sie immer fragen

fühlt es sich an
als hätte mich der postbote verraten
mein paket verschenkt
und alle anderen unterschreiben lassen

bevor ich
es hätte tun können

– outing

6. Januar 2020

Ich: Hey Papa, bin im Auto (15:06)
Babi: Udha e mbarë <3 (15:14)
Ich: Danke bab (15:24)
Ich: Bin in Berlin angekommen (20:35)
Babi: Bravos shko e pusho se je lodhë (20:38)

Ich: Hey Papa, bin im Auto (15:06)
Babi: Gute Fahrt <3 (15:14)
Ich: Danke bab (15:24)
Ich: Bin in Berlin angekommen (20:35)
Babi: Bravo, geh und erhol dich, du bist sicher erschöpft (20:38)

vielleicht, papa
kannten wir uns gar nicht

vielleicht kanntest du nur eine version von mir

die an die du glauben wolltest
die an die du glauben konntest

die dir gut tat
die mir gut tat

die eine
die ein »wir«
erlaubt hat

beide hände
nach oben geöffnet
sinken langsam ab
während der hoxha
für dich das letzte mal
seine stimme erhebt

mein körper bricht
bei dem wunsch
zu der gleichen erde zu werden
die deinen weg
in eine neue sphäre ebnen soll

– einsamkeit

gutgläubig
versprechen wir uns die zukunft
auf eine art und weise
die so arrogant
und überlegen ist

dass es uns jedes mal
aus dem leben reißt
wenn es jemanden von uns
aus dem leben reißt

– sot je, neser sje

»wenn frieden ist
bin ich als erster zurück
denn ich liebe mein land«

– es tut mir so leid, bab

es ist herbst 1995
zwischen hier und kosovo liegen nun
3 wochen tiefmüde kinderaugen
und blaue schlepperautos
die 7 menschenschwere krisen tragen

für deren last
auch 26 jahre später
keine deutsche plakette
oder zulassung
definiert wurde

– wie schwer ist eine flucht

mein pünktlich ausgefülltes papier
im trüben zimmer

sucht
zwischen kaffeegeruch
blond und akte
akzeptanz

in einem lächeln
das mich
nie sehen wird

sondern nur die farbe meiner karte
blau-rot schraffiert

– unbefristeter aufenthaltstitel

bohnensäcke neben rotem gewürz
und klamotten aus dem fernen osten
dicht gedrängt
zwischen menschen unter plastikzelten
mit rauen stimmen

tausche ich ein
gegen vereinsamte regale

osteuropa
liegt auf einmal
über mexiko
und die heimat
auf den gramm genau
verpackt

nicht im stande
zu ersetzen
was du mir gibst

– das e mit zwei punkten nach kosov

ruhe kehrt ein
wenn die sonnenallee
die autos
auf ihrem rücken trägt

salzige tränen fließen
zwischen die risse alter holzbänke
und anekdoten über die heimat
nach der ich suche

das fladenbrot
auf dem tisch
ich greife danach
es ist kalt geworden

– freitagabends in berlin

sie kamen
und kamen

und kamen
nie an

– diaspora

du hast mit viel liebe
mein braunes haar
in die poren meines körpers gesäht

und doch
versuche ich
mit scharfem silber
einzelne blüten
ihrer erde zu berauben

in der überzeugung
so nähe
zu den menschen zu finden
welche die vielschichtigkeit
meines körpers
niemals
verstehen werden können

– heritage

22. Januar 2020

Ich: Hey bab, qysh je? Pse po halitesh? (11:10)
Ich: Thirrem, nese te kish mundesi (11:11)
Ich: Te dua (11:11)

Ich: Hey bab, wie geht's dir? Was machst du für einen Unfug? (11:10)
Ich: Ruf mich an, wenn du die Gelegenheit dazu hast (11:11)
Ich: Ich liebe dich (11:11)

die angst pocht auf
im supermarkt
in der schule
auf der straße

wenn er reinkommt
zielt er
und zielt
und zielt
und zielt
und trifft

aber nur mich
nicht meinen nachbarn

– schwarzes haar

will ich
so leben

kann ich
so sterben

ich beneide den winter
der dich warm ummantelt
mit sich trug
und niemals mehr
heimkehren lässt

die sonnenblumen
auf deinem küchentisch
strahlten
am abend
bevor ich es erfuhr

du hattest fremdbegehren
ich wusst's schon lang

es war wohl 'ne nacht im juni
die laken
wickelten meinen verstand
um deine arme
inzwischen ist's august

ich spiel' die szene im club ab
die es gegeben haben muss
eure arme lippen beine
in lila licht
und dröhnendem bass

haben sich
gegen das strahlen
unserer blüte
gewendet

ich versuche mir zu sagen
ich hätte schlimmeres überlebt
meinen vater zu grabe getragen zu haben
müsse schlimmer sein
als deine liebe
die zerfallen ist

ich habe nicht verstanden
dass das herz genau wie der körper
unterschiedlich brechen kann

wer wiegt auch
frakturen in den rippen
gegen brüche
in den beinen auf?

das parfum meines vaters
ist das öffnen einer schranktür
90 x 60
gefüllt mit den blüten
seines seins

zwischen krawatten
und angst gepresst:
seine hoffnung
auf eine zukunft

ich atme
ihn ein
und
die geöffnete tür
fragt wo ich
zwischen anzügen und schuhen
mich selbst
verorten kann

könnt' ich
zehn warme sommer
für einen winter
mit dir eintauschen?

wie hoch ist der preis
wenn bereits der zweite frühling
ohne dich
in meinem herbst
vorbeigezogen ist?

– ich kann nicht mehr in tagen zählen

wie sie mich
haben wollen
kann ich
nicht sein

der benz
fährt langsam vor

und mit ihm
auch mein
zeitweiser schein

– die ankunft in kosovo

doppelkopfadler getaucht in rote seide
erlaubt deine liebe zu mir nicht
erlaubt deine berührung nicht
deine versuchung

der du zu entkommen versuchst
und scheiterst
nachts um 2
wenn es nur meine rippen
an deinen lippen gibt

doppelkopfadler taucht in rotes blut
wenn unsere körper synergien schaffen

die nur du verstehst
die nur ich verstehe

in einer welt
in der es
nie
ein wir
geben kann

ich habe vergeblich
nach polarlicht
im wasser
deiner grünen augen
gesucht

deine nähe
konnte ich auch
nicht finden

so wie
manch poesie
nie
auf ihr zuhause trifft

manchmal lieg' ich nachts wach
in gedanken darüber
ob
und in welchen farben
sich die erde
weiterdrehen wird?

wenn all verfügbares licht
aus meinen arterien
vollständig
gebrochen ist

du hast nicht verstanden
dass mein starksein
durch mein schwachsein
nicht an stärke verliert

hautfarbe olive-braun
und dunkle bartstoppeln
sind mit sommersprossen rot
zu einer brücke
verwoben

verzahnung
wenn sich
unsere wangen berühren

verpöhnung
von jenen
mit auch dunklen bartstoppeln
und hautfarbe olive-braun

ich weiß
du hast angst
die ich dir nicht nehmen kann

und ich weiß
du wirst dich alleine fühlen
es wird wehtun
wenn sie es erfahren

aber auch weiß ich
wie mutig du
gewesen sein wirst

und wenn du dich
daran erinnerst
dass du dir die angst
selbst genommen
hast

wirst du dich
umgeben von allen
trotzdem manchmal
einsam fühlen

aber du wirst nicht allein sein
das weiß ich

sie schaufeln ihn zu
und wir stehen da
gezwungen
ein resümee zu ziehen

zurück an den ort
von dem ihr damals kamt
fällt nun die letzte erde
auf ein leben
das keinen anfang hatte

– der vorletzte tag im januar

11 Juni 2021

Ich: Hey Bab (12:56)
Ich: Ich weiß, auf Albanisch wäre besser, aber du weißt, auf Deutsch kann ich besser (12:57)
Ich: Heute ist dein zweiter Geburtstag ohne dich (12:58)
Ich: Ich scrolle manchmal durch diesen Chat und schaue sie mir an, unsere letzten Nachrichten (12:58)
Ich: Seitdem du weg bist, bab, habe ich mich auf die Suche nach dir gemacht (13:04)
Ich: Es mag komisch klingen, aber ich hab viel über dich herausgefunden (13:04)
Ich: Man hat mir erzählt, du wärst in die Tischlerei zu Babush gefahren, um bei ihm nach Mamas Hand zu fragen (13:05)
Ich: Ich musste lachen (13:05)
Ich: Gleichzeitig dachte ich (13:06)
Ich: dass ich dich mein Leben lang kaum kannte (13:06)
Ich: Auch wenn das ein schwacher Trost ist, versuch ich das gerade zu ändern (13:09)
Ich: Meine Suche wird heute deshalb auch nicht aufhören (13:10)

Ich: Ich vermisse dich, bab (13:12)
Ich: Bardhi (13:12)

# Inhalt

Fatbardh Kqiku
@bardhisgram